Un día lluvioso

por Robin Nelson

Mi primer paso al mundo real

ediciones Lerner · Minneapolis

¡Hoy es un día lluvioso!

La lluvia moja.

Cuando llueve,
el cielo está gris.

Un día lluvioso es **sombrío**.

Cuando llueve, el cielo
se llena de **nubes**.

Las gotas de lluvia
caen de las nubes.

Cuando llueve,
las flores crecen.

Vemos el **arco iris**.

Cuando llueve, pueden ocurrir **inundaciones**.

Pueden caer **rayos**.

Cuando llueve,
los conejos se esconden.

Los patos nadan.

Cuando llueve, nos ponemos
el impermeable.

Sacamos el paraguas.

Cuando llueve,
podemos chapotear.

¡Los días lluviosos
son divertidos!

El ciclo del agua

El sol calienta el agua de los océanos. El calor transforma el agua de líquido a un gas llamado vapor. El vapor de agua sube al cielo. Mientras sube, se enfría y forma pequeñas gotas de agua. Estas gotitas forman las nubes. Dentro de la nube, las gotitas se juntan y se vuelven más pesadas. Finalmente caen en forma de lluvia. La lluvia se junta en ríos, lagos y océanos, y el ciclo comienza de nuevo.

Datos sobre la lluvia

Uno de los lugares más lluviosos del mundo es el Monte Wai'ale'ale, en Hawai. En promedio, cada año caen 460 pulgadas (11.7 metros) de lluvia.

Louisiana es el estado más lluvioso de los Estados Unidos. Recibe cerca de 56 pulgadas (1.4 metros) de lluvia al año.

El aguanieve está formado por gotas de agua que se congelan al tocar el suelo. El granizo son gotas de agua congeladas.

Las gotas de lluvia más pesadas caen a una velocidad de hasta 18 millas (29 kilómetros) por hora.

Las piñas de pino se cierran cuando va a llover.

Los rayos calientan el aire tanto que explota. El sonido de la explosión se llama trueno.

Cuenta los segundos que pasan desde que ves un rayo hasta que escuchas el sonido del trueno. Si pasa mucho tiempo entre el rayo y el trueno, la tormenta está lejos. Si la luz y el ruido suceden casi al mismo tiempo, la tormenta está muy cerca.

Glosario

 arco iris: un arco de colores que aparece en el cielo

 inundación: cuando un lugar normalmente seco se llena de agua

 nubes: masas de gotas de agua que flotan en el aire

 rayo: una chispa eléctrica en el cielo

 sombrío: oscuro y sin brillo

Índice

La edición en español fue realizada por un equipo de traductores nativos de español de
translations.com, empresa mundial dedicada a la traducción.

ediciones Lerner
Una división de Lerner Publishing Group
241 First Avenue North
Minneapolis, MN 55401 EUA

Dirección de Internet: www.lernerbooks.com

Las fotografías en este libro aparecen por cortesía de: © Betty Crowell, carátula, págs. 6, 7, 22 (centro);
© Buddy Mays/TRAVELSTOCK, pág. 2; © Walt Anderson/Visuals Unlimited, pág. 3; © Michele
Burgess, págs. 4, 9, 10, 22 (arriba y 2da desde arriba); © Dee Read/Visuals Unlimited, págs. 5, 22
(abajo); © David Cavagnaro/Visuals Unlimited, pág. 8; © Stephen Graham Photography, págs. 11, 22
(2da desde abajo); © Robert Fried Photography/www.robertfriedphotography.com, pág. 12; © Robert
C. Simpson/Visuals Unlimited, pág. 13; © L.S. Stepanowicz/Visuals Unlimited, pág. 14; © Annie
Griffiths Belt/CORBIS, pág. 15; © Ralph A. Clevenger/CORBIS, pág. 16; © Joe Gemignani/CORBIS,
pág. 17.

Library of Congress Cataloging-in-Publication Data

Nelson, Robin, 1971–
   [A rainy day. Spanish]
   Un día lluvioso / por Robin Nelson.
     p. cm. — (Mi primer paso al mundo real)
   Includes index.
   ISBN-13: 978–0–8225–6211–5 (lib. bdg. : alk. paper)
   ISBN-10: 0–8225–6211–1 (lib. bdg. : alk. paper)
   1. Rain and rainfall—Juvenile literature. I. Title. II. Series: Nelson,
Robin, 1971— . Mi primer paso al mundo real
   QC924.7.N4518 2007
   551.57'7—dc22   2005036742

Fabricado en los Estados Unidos de América
1 2 3 4 5 6 – DP – 12 11 10 09 08 07